LETTRES

DE

JACQUES BONHOMME

AMÉDÉE HARDY

LETTRES

DE

JACQUES BONHOMME

PREMIÈRE LETTRE

AUX AFFAMÉS POLITIQUES

Meus sum et nihil neminemque metuo.

PARIS

LIBRAIRIE POULET-MALASSIS

97, RUE RICHELIEU, 97

1862

LETTRE

DE

JACQUES BONHOMME

AUX AFFAMÉS POLITIQUES

Aristocrates, Démocrates, Légitimistes, Républicains, Orléanistes, Ultramontains, gens de toutes sectes et de toutes couleurs,

JACQUES BONHOMME vous salue.

Messieurs,

Vos pères ont eu l'imprudente bonté de m'apprendre à écrire ; grâce à eux, je sais aujourd'hui l'orthographe ou peu s'en faut : j'ai pensé qu'il serait honnête de leur en témoigner ma reconnaissance en adressant à leurs fils quelques bons avis sous la forme épistolaire. Ma plume est encore inhabile, et je ne possède pas vos savantes délicatesses d'expression ; mais si la main accoutumée à mener la charrue est lourde, elle est robuste et franche, et, pour être un peu brutale, ma parole n'en est pas moins bonne à écouter. Jugez-en.

Depuis longtemps déjà, il me semble, Messieurs, — vous m'excuserez si je me trompe, — que vous commettez tous une grosse faute dans vos petits calculs, et cette faute, il ne faut que deux mots pour l'exprimer : *vous m'oubliez*. Je veux bien me rappeler à votre souvenir, ne fût-ce que pour vous mettre en garde, le cas échéant, contre le crime d'homicide par imprudence.

Donc, Messieurs, j'existe parfaitement et si bien, que c'est à moi seul qu'appartiennent aujourd'hui l'honneur de payer l'impôt du sang, cet ancien droit de la noblesse, et la charge de remplir les coffres de l'Etat, cet antique devoir du vilain. Certes, il faut que vous ne le sachiez pas ou que le feu de vos querelles vous l'ait fait oublier; car je ne veux pas vous faire l'injure de croire que depuis soixante-dix ans vous versez mon sang de gaieté de cœur et mon or à votre gré, ce qui constituerait à la fois un vol et un assassinat.

Cela serait monstrueux, n'est-ce pas? et cela ne peut pas être. Mais ce que vous ne pouvez nier, c'est que, pour une cause ou pour une autre, ou vous n'avez pas eu le loisir de vous occuper de moi, ou vous n'avez pas daigné le faire. En langage vulgaire on appelle cela *compter sans son hôte*, et vous savez qu'en pareil cas on compte deux fois.

— Ne soyez donc pas trop étonnés si je vous prie humblement de me permettre de vérifier vos calculs, qui m'intéressent bien un peu, moi aussi. Vous permettez? A l'œuvre donc !

Commençons, si vous le voulez bien, par faire le compte du sang.

Depuis soixante-dix ans, j'ai laissé sur tous les champs de bataille deux millions de mes enfants, — je vous fais grâce de l'appoint. — Si je prends la moyenne de ce nombre, — car je vous dois aussi d'avoir appris à calculer, — j'arrive à un chiffre de plus de vingt-huit mille morts par an. Voilà, ce me semble, un impôt suffisamment douloureux, et pourtant je ne m'en suis jamais plaint, je ne m'en plains pas encore, car je sais que mon sang régénère comme le sang du Christ et que chacune de ses gouttes féconde un droit ou une liberté. Je le versais hier pour la rénovation de l'Italie ; je le verserai demain pour l'émancipation de n'importe quel peuple : c'est mon devoir encore plus que mon droit.

Mais si je ne regrette pas une seule tête de cette formidable hécatombe, en revanche je n'ai pas assez de larmes pour pleurer sur les flots de sang, et du plus pur de mes veines, que vos révolutions et vos réactions, vos émeutes et vos guerres civiles, vos ambitions et vos jalousies m'ont fait répandre sous les vingt-cinq formes de gouvernement dont vous m'avez gratifié successivement depuis 1789 jusqu'à 1852.

J'espère que vous n'allez pas me forcer à vous offrir des preuves; vous les connaissez aussi bien que moi. Mais vous allez peut-être me demander des chiffres pour établir un parallèle entre le nombre des martyrs des guerres de civilisation ou de défense nationale, et celui des victimes de vos guerres impies et de vos discordes intestines. Hélas ! Messieurs, il me faudrait, pour compter ces morts, un triste courage qui me manque. Terreur rouge, Terreur blanche, révolutions démocratiques, réactions aristocratiques, persécutions religieuses, royalistes et républicaines, conspirations et émeutes de toutes couleurs, — jacobins, terroristes, thermidoriens, vendéens, chouans, jésuites, carbonari, royalistes de 1815, orléanistes de 1830, réformistes de février, démocrates-socialistes de juin, que sais-je ?—dites-moi lequel de ces mots n'est pas écrit avec mon sang, et s'il en est un seul qui ne soit synonyme de fratricide par le fusil, le canon, la guillotine, le poignard ou la barricade. Et maintenant, si vous l'osez, additionnez mes morts, vos victimes.

Oh ! je sais que vous allez crier de douleur

sous le poids écrasant de ces vérités. Il faut pourtant que je vous les dise et que vous les entendiez. Je sais encore que chacun de vous a grand soin de rejeter sa part du crime sur la tête de son ennemi ; car il est des choses qu'on ne peut pas avouer en confession publique. Mais qu'ai-je besoin de vos aveux ? Croyez-vous donc que je n'ai pas su voir les mains qui m'ont frappé ?

Et puis, — c'est encore là une de vos maladresses, — ne m'avez-vous pas appris l'histoire ?

J'ai eu tort de commencer ma vérification de calculs par ce compte terrible. Il semble qu'après cela la question de finance doit singulièrement pâlir. J'y arrive cependant, car vos économistes ne me pardonneraient pas de la passer sous silence. Donc voici mon bilan. Si mes chiffres sont faux, vous avez le droit de les rectifier.

J'ai calculé que le total de mes revenus territoriaux, commerciaux et industriels s'élève à une moyenne de *treize milliards* par année ; et en ceci je vous fais la part très-large, attendu que je me base sur un chiffre de production évidemment exagéré, celui d'*un franc* par jour par chacun des trente-six millions de Français, hommes, femmes, enfants et vieillards.

La moyenne des impôts de toute nature que je paie depuis un certain nombre d'années dépasse quinze cents millions de francs, un peu plus de la neuvième partie de mes revenus.

Je suis grevé en outre d'une dette nationale qui, en cas de liquidation, absorberait la moitié de ma fortune annuelle.

Certes, vous en conviendrez, ce sont là de lourdes charges.

Il en est une partie que je supporte sans me plaindre, parce que sa source est juste et légitime ; et, de même que je ne refuserai jamais mon sang pour l'indépendance de la France et la liberté des nations, jamais non plus je ne regretterai les impôts destinés à assurer mon bien-être et ma sécurité en même temps que la gloire de mon pays et les progrès de sa civilisation. Le bon sens le plus vulgaire ne saurait raisonner autrement. Mais, en revanche, je vous avoue qu'il me répugne extrêmement de payer sans cesse l'amende pour me consoler d'avoir été battu. Cela était bon du temps où ma faiblesse me rendait taillable et corvéable à merci; et si depuis mon émancipation je me suis contenté de gronder paternellement en soldant vos folies, c'est que je croyais voir la dernière dans chacune d'elles. Malheureusement pour vous, vous m'avez tant de fois désillusionné, que je vous déclare incorrigibles; aussi ma patience est à bout.

Car enfin, au nom de quel droit prétendez-vous me rendre éternellement victime de vos ambitions? et par quel savant artifice de l'art de vos sophistes me prouverez-vous que le résultat de vos querelles n'a pas successive-ment augmenté mes impôts et ma dette? Est-ce pour ma gloire ou pour votre honte que j'ai payé le milliard des émigrés et la contri-bution de guerre de 1815; que j'ai nourri pendant trois ans sur mon sol sacré cent cin-quante mille soldats étrangers, et que j'ai réparé, au prix de monceaux d'or, les ruines accumulées par chacune de vos conspirations, de vos émeutes et de vos révolutions? Est-ce que l'origine de la dette publique n'est pas dans ces catastrophes? Et essaierez-vous de me faire croire que le chiffre des intérêts de cette dette ne s'ajoute pas chaque année à la somme des impôts légitimes?

Donc, c'est assez. Il est temps que vous vous souveniez de moi ; il est temps aussi de vous apprendre que je suis à la fois votre père et votre maître.

Votre maître, oui ; et ce n'est pas là le résultat le moins illogique de vos dissensions.

C'est qu'en effet, Messieurs, avec des yeux plus clairvoyants vous auriez pu lire, sous le nom trivial que vous m'avez donné, un nom glorieux et respectable entre tous : je m'appelle *le Peuple Français !* Quelque ingrats que vous soyez, il n'en est pas un de vous qui ose me renier pour son père. Voyons maintenant si vous pouvez me renier pour votre maître.

En 1789, las d'un joug séculaire, je n'eus qu'à me dresser pour faire tomber mes chaînes. L'Europe trembla ce jour-là, et vous pouvez mesurer ses terreurs et ma force aux terribles mais impuissants efforts qu'elle fit pour m'étouffer. Par malheur j'étais inhabile encore à l'exercice de mes droits et de ma liberté. Les ambitieux s'en aperçurent vite et les nouveaux partis comme les anciens ne manquèrent pas de me tirailler dans tous les sens et de me prouver, à force de sophismes, le besoin que j'avais d'être gouverné. J'étais

effectivement une trop belle proie à dévorer
pour que chacun n'essayât pas d'arracher un
lambeau de ma chair. Mais il y avait à crain-
dre que je ne vinsse un jour à me lasser d'être
mangé : on me servit de la gloire en guise
de chloroforme. D'un autre côté, chaque parti
avait besoin de recruter des adeptes pour
remplacer ses morts ; cela ne se pouvait faire
que chez moi et à la condition d'instruire les
transfuges ; mais voyez l'illogisme ! chacun
instruisant sa part du peuple, il se trouva que
tout le peuple fut instruit, et un peuple instruit
voit trop clair pour qu'on puisse longtemps
le tromper. — Imprudents !

Aussi, au fur et à mesure que j'apprenais
mes droits et ma force, je devenais plus diffi-
cile à conduire. Je montrais parfois les dents,
et pour m'apaiser on était obligé, bon gré,
mal gré, d'accéder à une partie de mes exi-

gences, et c'est ainsi que de constitutions en constitutions, de lois en lois et de chartes en chartes, je suis arrivé d'abord au suffrage restreint, — un leurre, — et enfin au *Suffrage universel,* — une bonne et solide réalité, — qui établit en principe mon unique souveraineté sur moi-même. Qu'avez-vous à répondre à cela ? Et croyez-vous maintenant que je sois bien votre maître et le mien ?

Je n'ignore pas que chacun de vous croit pouvoir diriger à son profit l'exercice de mes droits. Détrompez-vous. J'ai soulevé vos masques les uns après les autres ; vous pouvez les ôter : — je vous connais. Vous êtes tous de la grande famille des égoïstes. *Tout pour moi, rien pour les autres :* voilà votre devise. Eh bien ! moi aussi, je suis égoïste ; mais comme je suis le peuple entier, je change votre devise : *Tout pour tous!* — voici la mienne !

Je vous le dis en vérité, les temps ne sont plus où des promesses et des grands mots pouvaient m'éblouir. Et la raison en est bien simple : vous ne pouvez rien me donner de plus que ce que j'ai su conquérir sans vous et malgré vous.

Mais la Liberté, direz-vous ?

Ah! oui, la Liberté ! Eh bien! Messieurs, la Liberté ce n'est pas vous qui me la donnerez : c'est moi qui la prendrai.

Ce n'est pas vous qui me la donnerez, parce que vous êtes plutôt faits pour l'étouffer que pour la conquérir. Chacun de vous ne la veut que pour lui-même et serait désolé qu'elle appartînt à son voisin. Et en bonne logique il n'en peut être autrement. Vous, légitimistes, fournirez-vous aux républicains et aux orléanistes, vos ennemis, des armes contre vous-mêmes ? Vous, républicains, laisserez-vous les monarchistes libres de vous attaquer ? Et vous, orléanistes, permettrez-vous à la ligue de vos adversaires de se former contre vous ? Non, certes, vous ne le ferez pas ; vous ne l'avez jamais fait, vous ne le ferez jamais : ce serait le comble de la déraison.

Donc cette Liberté que j'adore plus que vous, et que, fatalement, vous ne pouvez me donner, c'est à moi de la prendre, et voici ce que je ferai pour cela.

Je dirai à mes enfants :

« Les partis qui se disputent le pouvoir se disputent avant tout le droit (c'en est un suivant eux) de disposer à leur bénéfice de votre or, de vos sueurs et de votre sang. Ce sont donc vos ennemis. Leur prêter votre aide, c'est vous suicider.

« Un peuple a toujours le gouvernement qu'il mérite. Méritez un bon gouvernement, vous l'aurez.

« Ne cherchez pas la Liberté en dehors de vous-mêmes : elle réside entièrement dans votre union. Détruisez donc tous les germes de division qui existent entre vous, et ne permettez pas qu'on touche au gouvernement que vous vous serez choisi.

« Quand tous les partis seront morts d'inanition, votre gouvernement sera en sécurité et n'aura plus à compter qu'avec vous. Ce jour-là son propre intérêt le forcera à vous octroyer la plus entière liberté , car il n'aura plus de raison pour ne pas le faire, et il sait bien que si vous avez été assez forts pour l'élever, vous ne le seriez pas moins pour le détruire. »

Voilà, Messieurs, ce que je dirai à mes enfants, et ce que je ne cesserai de leur répéter jusqu'à ce qu'ils en soient bien convaincus.

Que leur répondrez-vous pour les dissuader?

Vous leur direz :

« Soit. Mais toute forme de gouvernement « n'est pas indifférente. Choisissez du moins « la meilleure. »

Car vous espérerez ainsi prolonger indéfiniment vos luttes, et perpétuer ce jeu terrible des révolutions dont j'ai été jusqu'ici l'enjeu. Il est bien entendu que chacun de vous prétendra posséder la formule idéale. Mais qui croire dans ce débat, et quelle nouvelle épée tranchera le nœud gordien? Vous voyez bien que vos éternelles disputes sous prétexte de liberté ne peuvent aboutir qu'à la violence et à la mort de la Liberté.

En voulez-vous des preuves, l'histoire en main?

La première République une fois proclamée, les républicains refusent aux royalistes, Français comme eux, l'exercice d'une liberté qu'ils ne voulaient que pour eux seuls. Ils étaient les plus forts : ils décrétèrent la Terreur rouge. Sous le règne de cette même Terreur, les Conventionnels ne peuvent s'entendre entre eux : la guillotine tranche trois fois la question, et les Girondins d'abord, puis les Cordeliers et enfin Robespierre et ses adhérents, apprennent à tour de rôle que la violence engendre la violence. Le Directoire remplace l'échafaud par l'exil ; ne pouvant s'accorder avec lui-même, il fait un 18 fructidor et déporte ses propres membres. Arrive le 18 brumaire qui met un terme à ces querelles. En 1814 et 1815 les royalistes, revenus à la suite des armées étrangères, *octroient* au peuple une charte fondée sur la Liberté ; mais ils établissent la la Terreur blanche et proscrivent ou fusillent les républicains et les bonapartistes. Les représailles de 1830 exilent les Bourbons de la branche aînée et emprisonnent leurs ministres. De 1830 à 1835 les barricades se dressent à chaque instant sous la main des partis vaincus. Enfin, lassés apparemment de cette Liberté tant invoquée, les vieux partis se liguent encore une fois et escamotent la royauté de juillet pour la remplacer par une république sans cohésion qui s'écroule sous le poids de ses erreurs. Vous savez le reste. Et tout cela s'est fait *au nom de la Liberté!*

Encore si la franchise présidait à vos actes, je pourrais me borner à vous haïr sans vous mépriser. Mais non; il semble que vous ayez été élevés à l'école des jésuites, car vous n'avez cessé de mettre en pratique leur précepte immoral : *La fin justifie les moyens.* Et de ces moyens, la calomnie est celui que vous employez le plus volontiers entre vous et contre vous. Pour tromper l'opinion publique, les mensonges les plus grossiers ne vous répugnent pas. Sans vous préoccuper des notions élémentaires du bon sens qui établissent la nécessité où se trouve tout gouvernement de contenter le peuple, il n'est pas un régime sous lequel vous n'ayez essayé de persuader aux classes ignorantes que l'Etat cherchait à les affamer. Vous savez comment ce moyen fut exploité contre Louis XVI ; vous connaissez encore l'histoire des accaparements de 93 ; vous vous rappelez que Napoléon Ier fut obligé de sévir en 1812 contre les accapareurs qui jetaient le blé dans les rivières : — la ville de Caen pourrait vous renseigner à cet égard ; — vous n'avez pas oublié l'interprétation de la disette de 1817, ni les incendies de 1830 qui faillirent coûter la vie au prince de Polignac, menacé de mort, lors de son arrestation, par des paysans ameutés et trompés ; enfin la disette de 1846 n'est pas si loin de nous que vous ne puissiez nous dire comment on s'en servit contre Louis-Philippe. Mais vous savez bien des choses que vous ne voulez pas dire. Patience ! je les dirai pour vous.

Eh bien ! Messieurs les révolutionnaires de toutes couleurs, quelle confiance voulez-vous que j'aie en vous, et quelle est la forme de gouvernement essayée par vous qui me donne des garanties?

Je vous le déclare donc de la façon la plus formelle, j'ai assez de vos troubles et trop de vos révolutions. Laissez-moi expérimenter en paix le gouvernement que je me suis fait moi-même par le Suffrage universel, et si vous avez la monomanie de jouer aux souverains, tâchez que ce ne soit qu'en rêve ; car pour l'action, il est trop tard.

— Mais qui pense à faire des révolutions ? dites-vous. A quoi bon toute cette diatribe ? et pourquoi s'armer ainsi en pourfendeur de songes?

Qui pense à faire des révolutions? Eh! Messieurs, vous prenez à peine souci de vous en cacher, et vous voulez que je ne le sache pas. Qui pense à faire des révolutions? Mais c'est vous, vous les royalistes des deux branches, coalisés contre votre ennemi commun, quittes à vous entre-dévorer après la victoire ; c'est vous, les prêtres sans patriotisme, qui, transformant la chaire en tribune politique, cherchez à semer l'inquiétude dans les populations ; c'est encore vous, les chefs de ces prétendues associations religieuses et bienfaisantes, qui abusez des noms les plus saints et des sentiments les plus sacrés pour mûrir vos conspirations et empoisonner la conscience des faibles et des simples ; c'est vous tous enfin qui ne pouvez voir une lumière sans chercher à l'éteindre, ni un germe de liberté sans essayer de l'étouffer ; vous qui envoyiez hier de malheureux enfants fanatisés mourir

héroïquement, mais inutilement, à Castelfi-
dardo, qui recrutez aujourd'hui pour les
chouans de la Calabre et des Abruzzes, et qui
demain, si on vous laissait faire, nous ramè-
neriez sous le joug du bon plaisir et la férule
ultramontaine ; oui, c'est vous que j'accuse
hautement de fomenter les révolutions !

Aussi je vous dénonce à la surveillance de
la France et de l'Europe.

A la surveillance de la France, parce que
depuis la loi sur la liberté de l'enseignement,
et grâce à la terreur panique occasionnée par
le socialisme, vous vous êtes emparés de
l'instruction publique et qu'il ne tient pas à
vos doctrines jésuitiques que la France ne
retourne à ses jours les plus mauvais ; parce
que, comme le témoignent les mandements
de vos évêques, le langage de vos journaux

et les menées de votre société de Saint-Vin-
cent-de-Paul, que le gouvernement a été
obligé de réprimer, vous faites une opposition
violente et constante aux idées de progrès et
à la gloire de la France ; parce que vous êtes
les démoralisateurs du peuple : je n'en veux
pour exemple que ce mot ridicule et impie
de *chauvinisme* par lequel vous cherchez à
tuer le patriotisme ; parce qu'enfin l'opposition n'est en vos mains qu'une arme déloyale
dont vous vous servez sciemment à votre profit et au détriment de la France.

Enfin, je vous signale à la surveillance de
l'Europe, parce que vous redoublez vos efforts à rejeter la France en arrière, au mo-
ment précis où les peuples, mes frères, ont le
plus besoin de mon aide pour récolter le
grain de 89 que j'ai semé chez eux, et que
chaque obstacle apporté par vous à mon dé-

vouement est une torture de plus pour les nations assoiffées d'indépendance et de civilisation.

Par bonheur, vous êtes peu nombreux. Aussi n'est-ce point la crainte de voir se réaliser vos ambitions qui m'a mis la plume en main, mais bien l'indignation de vous rencontrer sans cesse en travers de la route du progrès, et la compassion pour les tristes dupes que vous pourriez entraîner après vous.

Je le répète donc pour finir : c'en est assez, c'en est trop. Ne vous heurtez plus à des tentatives inutiles. S'il vous reste un peu de sagesse après tant d'égarements, acceptez le pardon que je vous donne et consacrez vos forces au bonheur et à la gloire de la France, notre mère commune.

Peut-être m'en voudrez-vous de ma franchise. Mais aussi pourquoi m'avoir appris à écrire?

Signé :
Jacques Bonhomme.

Pour ampliation :
Amédée Hardy.

P. S. L'auteur déclare formellement qu'il entend assumer sur lui seul toutes les haines et toutes les rancunes que pourra lui attirer cette lettre, son œuvre *exclusivement personnelle.*

FIN.

219. — PARIS. — IMP. POUPART-DAVYL ET COMP.

30, rue du Bac, 30.